LIDERAZGO

El libro definitivo que mejora la comunicación, influencia y administración de negocios

(Consejos de gestión para ser un mejor líder y aumentar la productividad)

Leni Puga

Publicado Por Daniel Heath

© **Leni Puga**

Todos los derechos reservados

Liderazgo: El libro definitivo que mejora la comunicación, influencia y administración de negocios (Consejos de gestión para ser un mejor líder y aumentar la productividad)

ISBN 978-1-989853-61-0

Este documento está orientado a proporcionar información exacta y confiable con respecto al tema y asunto que trata. La publicación se vende con la idea de que el editor no esté obligado a prestar contabilidad, permitida oficialmente, u otros servicios cualificados. Si se necesita asesoramiento, legal o profesional, debería solicitar a una persona con experiencia en la profesión.

Desde una Declaración de Principios aceptada y aprobada tanto por un comité de la American Bar Association (el Colegio de Abogados de Estados Unidos) como por un comité de editores y asociaciones.

No se permite la reproducción, duplicado o transmisión de cualquier parte de este documento en cualquier medio electrónico o formato impreso. Se prohíbe de forma estricta la grabación de esta publicación así como tampoco se permite cualquier almacenamiento de este documento sin permiso escrito del editor. Todos los derechos reservados.

Se establece que la información que contiene este documento es veraz y coherente, ya que cualquier responsabilidad, en términos de falta de atención o de otro tipo, por el uso o abuso de cualquier política, proceso o dirección contenida en este documento será responsabilidad exclusiva y absoluta del lector receptor. Bajo ninguna circunstancia se hará responsable o culpable de forma legal al editor por cualquier reparación, daños o pérdida monetaria debido a la información aquí contenida, ya sea de forma directa o indirectamente.

Los respectivos autores son propietarios de todos los derechos de autor que no están en posesión del editor.

La información aquí contenida se ofrece únicamente con fines informativos y, como tal, es universal. La presentación de la información se realiza sin contrato ni ningún tipo de garantía.

Las marcas registradas utilizadas son sin ningún tipo de consentimiento y la publicación de la marca registrada es sin el permiso o respaldo del propietario de esta. Todas las marcas registradas y demás marcas incluidas en este libro son solo para fines de aclaración y son propiedad de los mismos propietarios, no están afiliadas a este documento.

TABLA DE CONTENIDO

Parte 1 1

Introducción 2

Capítulo 1- ¿Qué Es El Liderazgo Y Por Qué Quiero Ser Líder?
.... 3

Capítulo 2- Cuáles Son Los Rasgos De Un Buen Líder Y Cómo Desarrollarlos. 6

   1) Confianza 6
   2) Delegar 7
   3) Compromiso 8
   4) Creatividad 9
   5) Habilidad Para Inspirar 10
   6) Comunicación 11

Capítulo 3- El Poder De Los Modelos A Seguir. 13

   Elon Musk 14
   Oprah Winfrey 17
   Lance Amstrong 18

Capítulo 4- Convierte Seguidores En Líderes 21

   La Clave Del Éxito Profesional 23

Capítulo 5- Los Cinco Errores Más Comunes Que Un Líder Puede Cometer. 25

   1) Un Ego Enorme 25
   2) Expectativas Poco Realistas 25
   3) Fe Ciega En Su Conocimiento 26
   4) Excederse En El Ejercicio Del Poder 27
   5) Creerse Invencible 27

Capítulo 6- Ir Más Allá Del Mero Liderazgo. 29

Conclusión 31

Parte 2 32

Introducción 33

Capítulo 1- ¿Qué Es El Liderazgo? 36

LIDERAZGO NO ES POSICIÓN. 38
EMPIEZA DESARROLLANDO EL LIDERAZGO TEMPRANO 39
DOS IMPORTANTES CUALIDADES QUE TE DISTINGUEN COMO LÍDER. 39

Capítulo 2 – Jerarquía Del Liderazgo. 43

NIVEL 1: SÉ UN SEGUIDOR. 43
NIVEL 2: LIDERA PEQUEÑOS GRUPOS. 45
NIVEL 3: SÉ UN LÍDER ORGANIZATIVO. 46
NIVEL 4: SÉ LÍDER DEL SECTOR. 49

Capítulo 3- Comienza Por Mejorarte A Ti Mismo. 51

1. DESARROLLA LAS APTITUDES ACERTADAS EN TU TRABAJO. 52
2. COMUNICA CÓMO UN LÍDER. 54
3. APRENDE A SABER LO QUE LA GENTE QUIERE. 58
4. APRENDE A DELEGAR. 60
5. APRENDE DE LA COMUNIDAD. 61

Capítulo 4- Crea Confianza Dentro Y Fuera De Tu Organización. 63

1. SE CONSCIENTE DE LA IDEA QUE REPRESENTAS. 63
2. CREE EN TU COMPAÑÍA Y TU CAUSA. 65
3. ENCUENTRA FORMAS DE MEJORAR LAS CAPACIDADES DEL EQUIPO PARA ALCANZAR SUS OBJETIVOS. 68
4. TRATA DE SER COHERENTE EN TU ACTUACIÓN. 69
5. ASUME LAS RESPONSABILIDADES PROPIAS DE UN LÍDER. 71
6. INFLUYE EN LAS PERSONAS QUE TE RODEAN PARA QUE PRODUZCAN MÁS. 73

Capítulo 5- Fortalece Tu Imagen Cómo Líder. 76

1. SEGURIDAD EN TI MISMO. 76
2. MANTÉN SIEMPRE UNA ACTITUD POSITIVA. 78
3. CONFÍA EN LA CREATIVIDAD EL EQUIPO. 79
4. APUESTA POR EL EQUIPO Y EL OBJETIVO. 81
5. VOLUNTAD PARA TOMAR RIESGOS MEDITADOS. 82

Conclusión 84

Parte 1

Introducción

Una pregunta que me hago con frecuencia es: ¿qué cambio podría hacer en mi vidaque tenga una gran repercusión? La respuesta es bastante simple. Desarrollar tus habilidades naturales para el liderazgo mejorará prácticamentetodo lo que hagas. Sera fácil hablar con los demás, conseguir que compartan tu punto de vista, llegar al mundo empresarial estadounidense e incluso comenzar tu propio negocio con garantía de éxito. El liderazgo es untalento escaso en este mundo y uno de los más preciados. Te invito a comenzar un viaje hacia el autodescubrimiento a través de este libro, y te reto a sacar lo mejor de él. Léelo, aprende, y lo más importante, práctica. Una vez que empieces a implicarte, te darás cuenta de que tu vida mejorará más allá de tus sueños más desenfrenados. Te lo garantizo.

Capítulo 1- ¿Qué es el liderazgo y por qué quiero ser líder?

El liderazgo se define cómo el proceso de influencia social a través del cual una persona puede conseguir la ayuda y el apoyo de otros para alcanzar una meta común. En palabras simples, el liderazgo la forma de mostrar a los demás que tienes un gran potencial y el motivo por el que deben seguirte.

El líder que nace es algo excepcional. Casi nunca hemos oído que alguien desarrollara la admiración, la energía y el carisma de forma natural. La buena noticia es que se puede aprender a ser líder. Este es el objetivo del libro. Leerás y aprenderás todo lo necesario para ejercer el liderazgo, no solo en tu vida personal sino también en lo profesional.

Los estudios han demostrado que el liderazgo es el rasgo personal más íntimamente relacionado con tener un alto nivel de vida. Puede resultarte sorprendente, pero la apariencia, la inteligencia e incluso el dinero tienen una puntuación más baja en este ámbito que el liderazgo. Las razones para este fenómeno son múltiples. Los buenos líderes tienden a disfrutar vidas plenas Toman decisiones, se sienten poderosos y orgullosos de su trabajo. Son capaces de relacionarse con facilidad, conocer y atraer a la gente que eligen y lo más importante, pueden tomar decisiones transcendentes sin gran esfuerzo.

La capacidad de tomar decisiones es mucho más rara de lo que imaginas. Mucha gente tiene problemas incluso para decidir en qué restaurante va a comer, ¿alguna vez has mantenido una conversación en la que has dicho que no te importa el lugar donde comer?, ¿has manifestado en alguna ocasión que te daigual, que vas donde la otra persona decida? Esto implica que no estabas ejercitando tu capacidad de tomar decisiones. Que no estabas siendo un líder. Esto no está mal cuando simplemente estas considerando la posibilidad de ir a un restaurante u otro, pero, ¿cómo se supone que vas a decidir en aspectos cruciales de tu vida?

La capacidad de decantarse es lo que diferencia as un líder de sus seguidores. Está demostrado que el éxito financiero está altamente relacionado con la toma rápida de decisiones y el cambio escaso de opiniones. Lamayoría de la gente no hace esto. En su lugar se quedan barajando las diferentes opciones, esperando que una de ellas sea la correcta. Los líderes saben que cualquiera de esas opciones puede ser buena si trabajanduro para conseguirla.

No obstante, eres afortunado si no eres un líder o si tienes problemas para decidir ente varias opciones. Este libro te llevara de la mano por el camino del liderazgo, como desarrollarlo, y lo mejor, cómo encauzar tu vida en la dirección que has elegido.

Capítulo 2- Cuáles son los rasgos de un buen líder y cómo desarrollarlos.

Cuando le preguntas a la gente que es lo que considera que caracteriza a un buen líder, la respuesta es frecuentemente la misma. Mucha gente contestará: el carisma. Pero esto es una falacia. El carisma viene cuando posees las otras características de líder. Para ser un buen líder, no tienes que ser carismático. En su lugar, céntrate en los siguientes seis rasgos. Estas son las aptitudes que todos los líderes competentes deben dominar.

1) Confianza

Hay pocas características que sean más valoradas que la confianza. La mayoría de las veces si actúas como crees que debes hacerlo, la gente instintivamente confiará en ti y te seguirá. Si no tienes confianza en ti mismo, todo lo que hagas será en vano hasta que adquieras esa seguridad. La confianza viene cuando estás dispuesta a luchar por tus creencias. Equivocarse es bueno siempre que reconozcas el error y rectifiques. Esto es lo que hace la gente que tiene seguridad ensimisma. Saben que cometerán errores peroaprenderán de ellos. Están dispuestos a ser los primeros para saber que los primeros que lo intentan tienen ventaja prácticamente en todo.

Si tienes un problema de confianza, necesitas hacer una prueba falsa. Da una charla delante del espejo hasta que llegue un momento en el cual puedas perder la seguridad. Al final, te darás cuenta que esa pérdida de confianza está dispersándose.

2) Delegar

La habilidad de delegar esescasa. La mayoría de gente es incapaz de ceder tareas y en su lugar tratan de abarcarlas todas fijándose unas metas inalcanzables. Este no es el camino hacia el liderazgo. Un verdadero líder, no solo no tiene dificultades para delegar sino que conoce las fortalezas y debilidades de su equipo. Tienela seguridad de que cuando cede tareas lo hace en el mejor candidato posible. De este modo, el líder aparte de dar una buena imagen, reconoce la valía de su empelado. A un buen líder no le importa compartir el sabor de la victoria.

El problema de delegar es fácil de detectar, pero difícil de erradicar. Cuandopuedas delegar hazlo. Puede ser algo tan sencillo como preguntarle a tu mujer si puedes lavar los platos. Tienes que practicar. Prueba con diferentes tareas. Recuerda siempre analizar quien es el mejor candidato para hacer la tarea. Esto mejorará los resultados de tu equipo.

3) Compromiso

Muchos aspirantes a líder son incapaces de estar a la altura que otros le exigen. Tienes que esforzarte para ser un líder, ir de frente. Los líderes muestran con su propio ejemplo lo que los demás esperan de ellos. Si lideras de cara, tu equipo te seguirá hasta el fin del mundo. Un seguidor debe admirarte, tú debes liderar. Siempre debes tener en cuenta que tú tienes más probabilidades de triunfar que cualquiera de tus seguidores.

El compromiso es una de las habilidades más complicadas de desarrollar. Tienes que forzarte a hacer cosas que no quieres. Mucha gente triunfa fingiendo ser su propio jefe. Se asignan trabajos que deben completar y se esfuerzan al máximo. Un buen lugar para comenzar es haciendo cambios en tu propia vida. Si tienes sobrepeso, empieza por ponerte a dieta. Si padeces mala salud, cambia tus hábitos. Estate seguro de que tu vida personal refleja las cualidades que consideras que un jefe debe tener.

4) Creatividad

Mucha gente cuando escucha que la creatividad es importante abandona la idea de ser líder. Esto es un error ya que ser creativo es fácil. Ser imaginativo implica que eres capaz de vencer los obstáculos que se te presenten. Puedes competir con otros líderes porque tienes ideas nuevas que con frecuencia llevas a cabo. Un verdadero líder finge seguir el camino que otro líder ha marcado.
Ser creativo es un proceso que consta de tres etapas. Primero, tienes que decidir cuál es tu meta. Fija una línea roja.

Después, decide cómo acercarte a tu objetivo. Luego, analiza tu progreso. Si no progresas hacia la meta, propón otra idea. Si no obtienes el avance deseado, todo lo que tienes que hacer es intentar algo nuevo. Y así, continua hasta alcanzar el finPuedes intentarlo con muchas ideas. Pero te darás cuenta que con cada nueva idea,tú irás obteniendo información sobre la situación. Cada vez será más fácil y cada idea nueva será mejor que la primera.

5) Habilidad para inspirar

Tener la capacidad de inspirar a otros, simplemente significa que puedes obtener más resultados de la gente que ellos mismos. La clásica imagen de líder refleja a alguien quees bueno en comunicar. Esto implica que la habilidad de avivar a alguien es la manera en que los inspiras. Esto es cierto, pero solo hasta cierto punto. Hay otras formas de motivar. Por ejemplo, una palabra de aliento en el momento justo, la capacidad de detectar cuando alguien está equivocado o simplemente fijando expectativas razonables.

Una buena forma de aprender a transmitir es poner a prueba a tus seguidores contra otro líder o su equipo. La raza humana por naturaleza es competitiva. Establecer un juego de competencia amistosa es una buena manera de inspirar a mejorar su rendimiento. Continúa obteniendo resultados y te sorprenderá cuanto se puede lograr. Siempre, estate seguro de que tus metas son razonables pues de otra manera la gente puede desalentarse.

6) Comunicación

Muchos aspirantes a líder carecen de habilidad para comunicar. Su estilo comunicativo es limitado. La mayoría están enfadados, son pasionales e incluso gritan y les gusta este modo de actuar. Esto está bien para algunos seguidores. Pero hay muchas formas diferentes de transmitir. El mejor líder utiliza el estilo comunicativo que considera mejor para cada persona. Puede que tenga que hablarles por separado. Esto permite al líder usar la forma más adecuada para cada uno y ayuda a obtener una respuesta apropiada.

Si tienes problemas para conectar con la gente, puede ayudarte invertir tiempo en pensar cuál es la mejor manera de llegar a cada persona. Puedes averiguar que hay cierto tipo de gente que responde mejor si te aproximas con pasión. Para otros la mejor manera quizá sea controlar como están manejando sus responsabilidades. La mejor forma de aprender es experimentando. Pregúntales a tus seguidores cómo quieren que te acerques a ellos. Si eres un buen líder de alguna forma te dirán cómo quieren que lo hagas.

Capítulo 3- El poder de los modelos a seguir.

Mucha gente quiere ser líder, pero son pocos los que desarrollan la capacidad y el talento necesario para lograrlo. Una de las grandes razones de este fracaso es que desconocen cómo desarrollar sus habilidades de liderazgo. Afortunadamente, tenemos un método que te permitirá crecer fuertemente en lo personal en poco espacio de tiempo. Así, es posible tomar la decisión de ser un líder y conseguirlo de inmediato.

Estate seguro de que tienes en mente los seis rasgos comentados en el capítulo anterior. Para ayudarte a maximizar tu ascensión en estas áreas es de gran ayuda tener modelos a seguir. En ese momento, es cuando analizas sus hábitos, comportamientos y habilidades. Después, te apropias de esos clichés y continúas repitiendo el proceso una y otra vez. A medida que vas mejorando, te darás cuenta que posees características que te diferencian de los grandes líderes que te sirven de ejemplo.

Una de las grandes ventajas de seguir patrones es que serás capaz de tener en cuenta diferentes referencias. No seguirás una pauta única, lo que te permitirá elegir las cualidades que te interesen de cada uno. Entonces te preguntarás, ¿por qué tu modelo tiene esas cualidades?, ¿qué le ha llevado a conseguir esas habilidades?, ¿cuánto ha tenido que aprender? Una vez que sepas las respuestas tienen que seguir la misma trayectoria. Tienes que estudiar lo mismo, usar ese ejemplo como modelo a seguir. Ellos han sido los pioneros, de modo que tú puedes alcanzar la misma meta mucho más rápido.

El mundo está lleno de grandes ejemplos. En el restode este capítulo vamos a analizar a unos pocos, pero son solo eso, ejemplos. No te limites únicamente a ellos, abre tu mente.

Elon Musk

Elon Musk es uno de los más exitosos hombres de negocios del mundo. Ha fundado varias compañías punteras y él solito ha revolucionado con sus métodos innovadores la industria. Incluso sirvió de inspiración a Tony Stark elprotagonista de la película *Iron Man*.Lo consiguió todo de una forma modesta. La progresión de Musk, de emprendedor de éxito a empresario billonario, nos muestra un mapa que debe ser explorado. Fue ascendiendo gradualmente en cada posición, incorporando lo aprendido en cada momento y creando rasgos distintivos que seguiría.

Elon demostró con claridad que poseía muchasaptitudes de liderazgo, pero brilló en áreasespecíficas. Es incuestionable que es una de las mayores mentes creativas de nuestra generación. Es un visionario que hizo realidad sus premoniciones. La conclusión que sacamos de esto es que nunca debemos poner límites a la hora de desarrollar ideas novedosas. Cuando cambies tu forma de pensar, cambiará lo que construyes.

Su otra gran habilidad es la inspiración. Una vez que visualiza una idea trabaja sobre ella. Consigue que otros la vean y los convence para comprarla. Es excelente en este punto. Su capacidad de conseguir que otros se comprometan con su visión de las cosas le ha llevado a donde se encuentra hoy. Sin esfuerzo, convence a otros para trabajar a un nivel más alto que por sí mismos nunca conseguirían, al tener unas miras más reducidas, y consigue adeptos a sus visiones.

La aportación de esta actitud es que crea una realidad que la gente compra. Si consigues resultados orientados a la cultura del éxito y la innovación, te sorprenderán los resultados que consigues de tus seguidores. Los empleados de Elon obtienen un rendimiento elevado para él porque, Elon ha conseguido que su compañía sea puntera. Son innovadores, los líderes del mercado. Cada empleado sabe que esto es cierto, y en consecuencia desarrollan su potencial al máximo.

Se comenta que Elon dio una charla después del fallo del lanzamiento de la primera nave espacial por la compañía Space X. Con su capacidad de convencer, logró que una multitud decepcionada creyera en su habilidad para lanzar una nave mejor que estaría lista para el despegue en pocas semanas.

Oprah Winfrey

Oprah es una de las personas más famosas del mundo. Probablemente, ha cambiado las vidas de billones de personas. Se la considera una de las mujeres más influyentes del planeta. Al igual que Elon, Oprah se crió de una manera modesta. Es considerada un ejemplo de la clásica historia en la que unamujer pobre se hace rica.

Oprah se hizo famosa porque es una verdadera maestra que domina los seis rasgos que caracterizan a un líder. ¿Puedes imaginar en qué área? Primero, ejerció su habilidad de comunicar con la gente y consiguió un ejército de seguidores. Se la calificó como la más grande presentadora de televisión. En el momento en que inicio su show televisivo no había otra presentadora de programas de entrevistasexitosa y sindicada en el ámbito nacional. El programa más visto en ese momento era *Donahue* pero tenía un

estilo de entrevista mucho más rígido. Oprah fue capaz de conectar emocionalmente con la gente que entrevistaba, esto les hacía abrirse y le permitió a Oprha ocupar los primeros puestos en el ranking en meses.
Puedes aprender de Oprah. Ella no temía liderar y admitir que tenía problemas. Contó detalles íntimos de su vida sentimental y su lucha contra el sobrepeso. Esto provocó que la gente empatizara con ella porque no temía mostrar sus imperfecciones. Si demuestras a otros que tienes los mismos problemas que ellos la empatía se produce. Además le preocupaba lo que la gente hablaba. Los escuchaba con interés, se implicaba y hacia sondeos de opinión acerca de los temas que trataban. Para seguir a Oprah, practica estas habilidades.

Lance Amstrong

Lance Amstrong sirve como un perfecto ejemplo de cómo podemos observar ciertos rasgos de un líder y tratar de imitarlos. Al mismo tiempo, no copiaremos los rasgos que no nos gusten. Amstrong es uno de los más famosos ciclistas del mundo. Es conocido por haber ganado siete veces la Vuelta ciclista a Francia y haber quedado campeón enun total de veinticincoetapas individuales. Quizás es más famoso por perderlo todo después de ser condenado por usar esteroides y engañar a su equipo. En un capitulo posterior, revisaremos por qué, un líder como Lance Amstrong puede haber caído. Pero de momento vamos a analizar dos rasgos de su liderazgo: compromiso y confianza.

Habrá muchos que sostengan que nadie se comprometió tanto para ser ganador como Amstrong. Realmente, fue demasiado lejos es su afán por ganar al decidir hacer trampas. No obstante, puedes coger como modelo su determinación. Debes estar seguro de que nunca cruzarás la línea hacia la ilegalidad o falta de ética. Un verdadero líder se compromete a triunfar siendo mejor que otros pero siempre actuando con integridad.

Armstrong también tenía confianza en sí

mismo. Pero, olvidó algo muy importante, que un líder debe aprender de sus errores. Si lo hubiera aprendido,sabría que debía haber sido claro respecto al uso de esteroides desde el principio de la investigación. Si lo hubiera hecho, es probable que le hubieran suspendido de su actividad pero no le hubieran arrebatado todos sus títulos y no estaría arruinado eneste momento. Aunque, de nuevo puedes tomarlo comomodelo de seguridad en sí mismo. Cree en ti como Amstrong creyó en él.Un verdadero líder no será persuadido por otros líderes en cambiar de dirección porque siempre estará buscando la manera de mejorar y crecer profesionalmente.

Capítulo 4- Convierte seguidores en líderes

Una vez que hayas desarrollado tus talentos para el liderazgo, te darás cuentas de que el avance es extraordinario. Muchos líderes nuevos asumirán más y más responsabilidad. Alguno de ellos, dudará aquí. Continuaran utilizando las mismas técnicas que al comienzo para seguir ascendiendo.

Lo que desconocen es que llegará un punto en el que no podrán seguir subiendo si solo controlan a sus adeptos. Un verdadero líder debe ser líder de líderes. Al final, debes alcanzar metas superiores a las que un equipo puede llegar. Sabiendo esto, un buen líder empezará a trabajar sin tregua con sus seguidores. Algunos se sentirán incómodos al aprender capacidades de liderazgo. Lo bueno es que los estudios han demostrado que la mejor manera de retener nuevos conocimientos es enseñándolos. Con esto, no solo desarrollarás el potencial de tu equipo sino también el tuyo. No hay mejor manera de dejar huella en el mundo que ayudando a otros a hacer lo que tú dominas.

Una manera de crear líderes es a través del acercamiento. Un líder suele acercarse cuando tiene una razón para ello. Ten una conversación llana con tus adeptos, háblales decómo llegar a ser líderes. Discute las habilidades necesarias con ellos e incluso eres libre de darles este libro para que lo lean. De este modo les das responsabilidades. Estate atento y comprueba que te has fijado en la persona correcta. Una vez han cumplido la tarea,analízala desde una perspectiva positiva. Eres libre para señalar lo que habrías hecho diferente en ese caso, pero siempre debes reconocer su labor.

Un líder de verdad, seguirá este procedimiento con cada persona que gestione, si instruyes de forma adecuada a tus seguidores inculcarás en ellos el deseo de transmitir a otros sus logros. Así empezarán a tenerseguidores. En definitiva, se creará una cadena que va aumentado por eslabones en tu equipo.

Muchos grandes líderes encuentran novedoso e interesante enseñar a sus adeptos. No tengas temor de invertir tiempo y energía en esto. Si puedes pagarles formación, te darás cuenta de que tu equipo, mediante la asistencia aseminarios, incrementa el valor de tu empresa.

La clave del éxito profesional

Hay un rasgo clave que diferencia al líder exitoso del fracasado. Simplemente consiste en la habilidad de decidir cómo van a invertir su tiempo, su energía y su dinero. Es muy probable que no puedas convertir en líder a cualquiera. Por desgracia es así, pues hay personas que lo rehúyen por razones personales. Tienes que estar seguro de que estas centrándote en el mejor. Siempre debes tener razones para apostar por él. Si te has quedado sin líderes puedes buscar entre tus seguidores talentosos.

Esto es fundamental, si una persona en la que inviertes no te vaa dar resultados no debes hacerlo. Puede no sonar justo y es probable que no lo sea. Pero, el mundo no es justo y si descartas a aquellos que se niegan a crecer, es la forma más rápida y fácil de aumentar el rendimiento general.

Capítulo 5- Los cinco errores más comunes que un líder puede cometer.

Es mucho más fácil dejar de ser un buen líder que llegar a serlo. Muchos líderes que ascienden rápidamente no mantienen ese nivel durante mucho tiempo. Creen que controlan todo lo relativo al liderazgo, dejan de esforzarse y empiezan a decaer. Los cinco errores más comunes en que pude incurrir un líder son los siguientes:

1) Un ego enorme

Con frecuencia, los líderes olvidan que no son solo sus habilidades las que le dieron el éxito. Un buen líder sin sus seguidores no es nadie. Muchas veces, el líder victorioso empieza a pensar que solo él ha llegado a lo más alto. Empieza a olvidarse de sus seguidores, de promover sus acciones y deja de comunicarse con su equipo. Nada podrá evitar que el éxito se esfume, si dejas de tener contacto con el equipo que te llevó a la cumbre.

2) Expectativas poco realistas

Es muy fácil tener éxito y pensar que

siempre va a ser así. En vez de ir superando etapas paso a paso, el líder fracasado se marca expectativas poco realistas. Son imposibles de conseguir por lo que al trabajar sobre ellas llega el desaliento. La mayoría de las veces, estos líderes prometen lo que no pueden cumplir. Y de este modo, acaban soltando las riendas y fracasando. ¡No caigas en esta trampa!

3) Fe ciega en su conocimiento

La arrogancia puede jugarte una mala pasada. Es fácil creer que tienes todas las respuestas y que lo sabes todo. Aunque estés en la cima de tu sector, siempre hay algo que puedes aprender. Cuando paras de aprender, dejas de innovar, con lo cual pierdes tu condición de líder. Hay una diferencia entre pensar que lo sabes todo y estar lo suficientemente preparado para afrontar lo que venga. La primera implica que tienes visión de futuro y estás listo pero la segunda denota que estás impedido cuando llegue el momento del cambio.

4) Excederse en el ejercicio del poder

Cuando eres líder es frecuente estar al mando. Sin embargo, la mayoría de los líderes se comunican con otros jefes. Estar en lo más alto es excepcional e incluso si lo estás tú puedes llegar a caer. Es cierto que si consideras que puedes hacerlo todo lo harás, pero si antes de actuar no lo meditas, puedes fallar. No te precipites abrumado por el poder. Siempre, debes recordar los rasgos que caracterizan a un buen líder. Si crees que lo sabes todo y te olvidas de esas pautas habrás retrocedido en tu carrera.

5) Creerse invencible

A pesar de que seas jefe es importante que siempre recuerdes las reglas. Aunque sea fácil decidir, nunca debes olvidar las directrices para no caer en la trampa. Para un líder es muy sencillo pensar que no puede equivocarse. Es posible ir en contra de una política, una regla o una guía. Un líder fracasado no se preocupa de esto porque cree que no tiene porqué seguir las reglas. Ten claro que no caerás en esta

emboscada.

Capítulo 6- Ir más allá del mero liderazgo.

Afortunadamente, en este punto estás obligado a poner en práctica las pautas comentadas en estas páginas. Te sientes inspirado y crees tener en tus manos el poder para alcanzar la cumbre. Sin embargo, este libro no es el final del camino. Los verdaderos líderes nunca dejan de crecer. Además, incluso aunque tengas todas las herramientas que necesitas para el éxito, nunca dejes de practicar.

Es muy recomendable que continúes leyendo y practicando al respecto. SI quieres llegar a ser líder es fundamental que emplees el mayor tiempo posible en conseguirlo. Al principio, la mejor manera de logarlo es siendo un estudiante tenaz. Encuentra nuevos modelos a seguir. Analízalos, intenta imitar sus mejores cualidades. Pon atención a la forma en que usas las seis habilidades descritas. Ten cuidado no caer en los cinco errores más comunes de un líder.

Debes ser consciente de que prácticas. Lo más recomendable es controlar en un periodo de tiempo que estás haciendo los progresos marcados. La mayoría consideran que es mejor revisar diariamente sus progresos. Cuando tengas asimilado tu liderazgo, podrás hacer las revisiones más esporádicas, cada dos días, dos veces por semana o semanalmente. Te darás cuentas que esta es la manera de grabar en tu subconsciente estos principios básicos. Llegará un momento en que ya no tengas que pensar en este libro como guía. Entonces serás tu propio piloto.

Conclusión

De nuevo, ¡gracias por descargar este libro!

Espero que aprendas un montón sobre liderazgo y que te sientas mucho más seguro de tus capacidades para llegar a ser un gran líder.

El siguiente paso es moverte y empezar a practicar.

Gracias y ¡mucha suerte!

Parte 2

Introducción

Te quiero agradecer y felicitar por descargar el libro.

Este libro contiene probadas estrategias y actuaciones para desarrollar habilidades como líder.

¿Qué te lleva a ser un líder? Un montón de gente está inmersa en posiciones de liderazgo y desconoce la respuesta a esta pregunta. Un empleado que de pronto es promocionado a un puesto de dirección debe preguntárselo. Por ejemplo, un hombre de negocios introvertido tiene también que preguntarse qué es lo que le llevaría a ser un buen líder cuando intenta motivar a sus empleados a trabajar más duro. La habilidad para responder a esta pregunta y aplicar la respuesta a las situaciones será la base del éxito.

Todos nosotros, en algún momento, necesitamos ser líderes en nuestras vidas. Es importante que todos tratemos de contestar a esta pregunta a nuestra manera. Encontrarás la mayoría de las respuestas que buscas en este libro. El liderazgo como cualquier otro aspecto para mejorar comienza en ti. Una vez que hayas ganado confianza y capacidad en tus habilidades directivas, el paso siguiente es usar esas directrices para influir en otra gente. Si aplicas las sugerencias de este libro, aprenderás lo que supone convertirse en líder. Entonces podrás utilizarlo en tu vida y carrera profesional.

Gracias de nuevo por descargar este libro,

¡espero que lo disfrutes!

Capítulo 1- ¿Qué es el liderazgo?

El liderazgo no es solo una habilidad. Es una combinación de aptitudes sociales y directivas. Es la capacidad de crear un equipo que alcance los objetivos que sin el líder no serían posibles. La historia está repleta de historias de grandes hombres y mujeres que empujaron a otros a realizar metas casi imposibles. Un denominador común en estas historias es que el líder fue capaz de de unirlos para trabajar juntos en un objetivo común.

Los líderes tienen influencia sobre otra gente y la utilizan para empujarlos a trabajar unidos. Sin el líder, la gente trabajaría por separado para conseguir sus metas. El jefe les muestra que pueden alcanzar su objetivos más rápido si actúan en grupo.

Liderazgo no es posición.
No deberías tomar la posición social de una persona como evidencia de que es un buen líder. Los auténticos líderes no necesitan un titulo para hacer su trabajo. Adquieren funciones directivas incluso si no se les exige por la organización. Saben que sus habilidades pueden ayudar a la gente que los rodea y las usan cuando es preciso.

Empieza desarrollando el liderazgo temprano.

Comienza a desarrollar tus habilidades de liderazgo incluso cuando aún no te encuentras en la posición de líder. Este es el mejor momento para aprender porque no tendrás presión para cumplir objetivos. No obstante, si tienes éxito, la gente empezará a darse cuenta de que tienes excelentes cualidades para liderar. Si eres un empleado, esto incrementará tus posibilidades de promoción. Si diriges tu propio negocio, tus habilidades atraerán a los empleados más destacados para trabajar a tu lado.

Dos importantes cualidades que te distinguen como líder.

En este punto, necesitas pensar que estás

siendo observado. Precisas que todos los retos los tomes como *test*. Si los superas con holgura la gente se dará cuenta y comenzará a confiar en tus habilidades como líder.

Para pasar estas pruebas, necesitas tener las siguientes cualidades:

1. Características positivas evidentes.

Antes de influenciar a la gente, necesitas ganar su confianza. Solo puedes hacerlo si muestras con frecuencia cualidades que tienen efectos positivos en el grupo. Primero, debes dar una buena impresión con un aspecto atrayente. Después, necesitas copiar algunos rasgos positivos de los líderes que admires. La mejor manera de aprender liderazgo es mimetizando las virtudes de líderes famosos.

En segundo lugar, deberías informarte sobre la gente a la que quieres liderar, para saber las características que buscan en un líder. Para entenderlos mejor, debes conocer su lengua y su cultura.

Tercero, también necesitas probar que tienes las habilidades intelectuales y sociales necesarias para ser líder. Demuestra que sigues estándares éticos en el medio y que eres una persona de confianza. Si tienes buena reputación la gente confiará en ti.

2. Ser un triunfador.

Si haces todo lo sugerido con anterioridad será más fácil para ti ganar la confianza de tus seguidores. No obstante, la verdadera prueba de tus habilidades como líder llega cuando hay posibilidades de alcanzar metas. Cualquiera puede ser un candidato probable cuando no hay presión para alcanzar objetivos.

Para crear los robustos pilares de tu liderazgo necesitas brillar cuando tienes oportunidad. Puedes hacerlo dirigiendo gente, emociones y recursos disponibles para alcanzar la meta común.

Capítulo 2 – Jerarquía del liderazgo.

Hay diferentes niveles de liderazgo que se basan el número de personas que lideras. Empieza por el primer nivel:

Nivel 1: Sé un seguidor.

Al principio, nadie se considera un líder. Sigues a otro líder, igual que cualquier otra persona. Ahí, es donde comienzas a desarrollar tus habilidades.

En este nivel, aprendes cómo estudiar a la gente y como influirlos en base a ese análisis. También aprendes cómo se desenvuelve el grupo en este paso. La mayoría de la gente no descubre cómo funciona su entorno de trabajo. Para aprender, necesitas observar a la gente que te rodea. Para llegar a ser un líder excelente necesitas conocer las motivaciones de las personas más allá de sus actos. Si sabes lo que motiva a la gente que hay a tu alrededor será fácil influenciarlos trabajando juntos.

Nivel 2: Lidera pequeños grupos.

En esta etapa, empiezas a usar tu conocimiento y lo aplicas en el desarrollo de aptitudes como líder. Intenta diferentes estrategias para influenciar a la gente. Quédate con las que funcionan y aprende de aquellas que no sirven.

Prueba estas tácticas mientras lideras grupos pequeños. Al principio de tu carrera profesional tu objetivo es ganar experiencia en ese ámbito. Los que te rodean nunca te verán cómo líder hasta que demuestres tu competencia.

Necesitarás una serie de proyectos victoriosos antes de que la gente empiece a valorarte. Una vez que lo hagan, puedes ser promocionado a puestos de alta responsabilidad.

Nivel 3: Sé un líder organizativo.

En este punto, la gente que te rodea ha empezado a darse cuenta de que posees excelentes capacidades de liderazgo. Puedes estar en un puesto directivo en tu grupo. Se te pueden dar grandes proyectos con más personas implicadas.

Los líderes organizativos tienen más responsabilidad. No obstante, los directivos en este grupo son gratificados estupendamente por sus triunfos. Este es el nivel en el que la mayoría pasa una gran parte de su vida. Si eres un empleado, este es el escalón donde trepas en la escala corporativa. Si regentas tu propio negocio, este es el nivel donde tu negocio crece bajo tu dirección.

En las etapas tempranas de ser un líder organizativo, muy poco gente conoce tus aptitudes de liderazgo. Solo influyes sobre la gente que ha trabajado contigo en el pasado. Si tienes la oportunidad, puedes que quieras a esa gente contigo en tus nuevos proyectos.

A medida que vas subiendo posiciones te prestarán más atención. La gente que oye hablar de tu ascenso preguntará acerca de ti. A través del boca a boca, tu reputación será conocida en la organización.

Cuando sucede, puedes influir en más gente. No obstante, al recaer más atención sobre ti, tus actos serán analizados con detalle por tus compañeros. El éxito incrementará tu reputación cómo líder. Sin embargo, un error puede arruinar todo el esfuerzo y resultados obtenidos en tu trabajo. En palabras de una de las personas más reconocidas cómo líder empresarial, Warren Buffet «Lleva veinte años crear una reputación, y cinco minutos destruirla. Si lo piensas, harás las cosas de una forma diferente».

Nivel 4: Sé líder del sector.

Tras años de trabajo duro, éxitos y fracasos, puedes llegar a ser considerado un líder sectorial. Siempre están aprendiendo. Nunca están satisfechos con sus aptitudes. Comienzan proyectos que no solo afectan a sus compañías sino a todo el ramo. Algunos incluso son reconocidos fuera de su ámbito.

Solo conseguirás este nivel si nunca abandonas el aprendizaje y el alcance de metas elevadas. La gente fuera de tu entorno se dará cuenta de tus habilidades para dirigir. Se investigará sobre ti por tu persistencia en trabajar duro y alcanzar retos difíciles. Cuando estás en este punto, la gente escuchará todo lo que digas.

Warren Buffet es un ejemplo del líder del

sector. Ha desarrollado sus competencias en invertir dinero. Cuando habla de inversión, todo el mundo se detiene y escucha.

Puedes creer que nació con esas habilidades para liderar. Pero, no. Él comenzó igual que tú o que yo. Con los años, demostró su valía en su empresa y su sector. Nunca dejo de aprender. La mayoría de la gente de su edad ya está retirada. Con 85 años todavía está al frente de su compañía.

Capítulo 3- Comienza por mejorarte a ti mismo.

Si quieres ser un hombre de negocios eficaz y subir en la jerarquía del liderazgo comentada en el capítulo anterior, necesitas empezar por mejorar. Aquí relato las características en las que tienes que trabajar:

1. *Desarrolla las aptitudes acertadas en tu trabajo.*

Comienza por adoptar todas habilidades que tu trabajo precisa. Tu objetivo es llegar a ser un experto en el sector elegido. Necesitas aprender las aptitudes fundamentales en tu sector. Cuando controles las más importantes, puedes empezar a implementar tu conocimiento.

Los grandes líderes no son buenos en todo. No obstante, sus seguidores reconocen que son buenos en algo. Warren Buffet, por ejemplo, es un líder en el área de la inversión. Reconoce que no es un experto en todo tipo de inversión y necesita estudiarla para poder tomar la mejor decisión. En sus propias palabras, permanece dentro de su «círculo de competencia», la que ha pasado décadas desarrollando.

En vez de dominar todas las capacidades relacionadas con la inversión, Warren Buffet insiste en centrarse en el círculo de competencia. Este es el área del saber en que eres experto. A medida que avanzas en tu campo a través de experiencia y estudio, puedes de un modo fácil ampliar ese espacio.

2. Comunica cómo un líder.

Los grandes líderes son fantásticos comunicadores. Todas tus ideas no importan sino sabes cómo comunicar de una forma efectiva con tus seguidores. Hay varios tipos de comunicación que un líder debe manejar:

En primer lugar, necesitas desarrollar la capacidad de hablar para multitudes. La mayoría de la gente teme hablar para grandes grupos. Si desarrollas esta habilidad, tendrás una ventaja sobre la competencia en las posiciones de liderazgo. Te detallo el proceso que debes seguir sobre cómo hablar a mucha gente:

1. Para hablar con el grupo identifica tus objetivos.

Siempre que se habla con un grupo hay

que tener un objetivo. Cuando reúnes a gente para escucharte estás usando su valioso tiempo. Sin un objetivo claro el encuentro estará a la deriva. La gente desperdiciará su tiempo hablando de temas irrelevantes.

2. Crea un mensaje que cumpla tus objetivos.

Si no estás acostumbrado a hablar con grupos necesitas preparar tu mensaje y practicar primero de hacerlo llegar a tu audiencia.

Esto aumentará tus posibilidades de dar un mensaje fiable.

3. Escribe tu mensaje y practica delante del espejo.

Hablar delante del espejo ayuda a practicar los gestos, expresiones faciales y otros signos no verbales. Los principiantes descuidan con frecuencia estos pequeños detalles, pero son más importantes incluso que la voz.

4. Ensaya enfrente de gente que confíes.

Antes de emitir tu mensaje ante una multitud debes practicar ante una pequeña audiencia. Esto te permite llegar a acostumbrarte a hablar en alto ante el público. Puedes ajustar tu discurso en base a sus gestos.

Ensayar ante un grupo pequeño también te permite probar la efectividad de tu mensaje para ver si cumple con tus objetivos. Tus oyentes pueden darte recomendaciones acerca de cómo mejorar tu mensaje.

5. Redefine tu mensaje de acuerdo a su *feeedback*.

Antes de hablar necesitas pulir el mensaje partiendo de lo que has aprendido de la práctica. Necesitas perfeccionar no solo el contenido sino la manera en que lo vas a emitir. Debes prestar atención a tu voz y al lenguaje no verbal.

6. Entrega tu mensaje a su destinatario.
Si estás satisfecho con tu mensaje debes volcarlo a la audiencia. No serás un orador experto en tu primer intento. Sin embargo, de acuerdo a la efectividad de tu mensaje puedes logar tus objetivos.

Aprovecha cada oportunidad de hablar ante un grupo. Si practicas este ritual con frecuencia podrás superar el miedo a hablar ante la multitud. Parecerá tan natural como hablar con una persona.

3. Aprende a saber lo que la gente quiere.
Como líder debes observar

constantemente a la gente que diriges. Hazlo para saber las motivaciones y desmotivaciones. Cuando ves a la gente de tu organización que trabajan duro, por ejemplo, intenta averiguar que les motiva. Cuando ellos están desmotivados, obsérvalos con cuidado y trata de saber las razones.

Hay ocasiones en las que preguntar de manera directa a la gente acerca de sus motivaciones no es la mejor estrategia. Tendrás que realizar tus propias averiguaciones para descubrir las causas de esas insatisfacciones. Así, tus seguidores no sabrán que estás influenciándolos para trabajar más.Conocer los motivos que hacen a la gente trabajar duro te permitirá mejorar su rendimiento cuando sea necesario.

4. Aprende a delegar.

A continuación, aprende a delegar tareas importantes en otras personas. Como líder tu tiempo y energía es más importante que la de otra gente. Estate seguro de que solo las gastas en cuestiones cruciales.

Es aconsejable delegar funciones que otros miembros del grupo pueden realizar con efectividad. Cuando delegas necesitar tener en cuenta la siguiente guía:

1. Ten la seguridad de que la persona en quien delegas puede realizar bien el trabajo.

2. Comprueba que él o ella tiene el tiempo suficiente para realizar las tareas.

3. Evita supervisar sus cometidos.

Permite que los miembros del grupo trabajen en el asunto con independencia.

4. Antes de comenzar marca con claridad los objetivos.

5. Aprende de la comunidad.

Un líder eficaz tiene relaciones útiles en su sector. Si quieres mejorar como líder necesitas conocer gente influyente.

Hay ocasiones en que los problemas de tu equipo solo pueden ser resueltos desde fuera. Necesitas relacionarte con aquellos que pueden ayudar a tu organización.

Debes ser activo en construir está red de contactos. A medida que eres más conocido cómo líder conocerás otros referentes en tu sector. Puedes conocerlos por casualidad o porque hagas negocios con ellos y te han buscado.

Para acelerar el proceso de conexiones necesitas identificar a las personas que pueden serte útiles en un futuro. Empieza por entablar relaciones con ellos ofreciéndoles tu ayuda si la necesitan. De este modo, podrán devolverte el favor cuando tú o tu equipo lo precisen.

Capítulo 4- Crea confianza dentro y fuera de tu organización.

La confianza reforzará tu imagen cómo líder. Mejora tu reputación y estate seguro de mostrar tu seguridad a tu equipo y a tus superiores. Si tus jefes piensan que pueden confiar en ti es más probable que te den puestos de responsabilidad. Basarán sus decisiones en tu fama. Si aparentas ser mala persona nadie creerá que tienes las cualidades necesarias para ser líder.

Estos son los factores que precisas para ganarte una buena reputación:

1. Se consciente de la idea que representas.

Los grandes líderes representan una idea

de la que emerge su carisma. El presidente Barrak Obama, por ejemplo, representaba la idea del cambio en su camino a la presidencia. Los americanos querían cambios en ese momento. Winston Churchill representaba la tenacidad y resistencia de los ingleses. Esas eran las cualidades que los británicos necesitaban de su líder cuando eran de forma incesante bombardeados por los nazis.

Necesitas creer en que representas a la gente que lideras. Incorpora esa ida en tu apariencia, mensajes, en la forma en que hablas e incluso en tus actos. Si la gente ve perseverancia en la idea que representas, en tus actos y apariencia es más probable que confíen en ti.

La gente de negocios con frecuencia se

convierte en la cara visible de su empresa. Richard Branson, el fundador de Virginia Group, ha sido la imagen del negocio por más de treinta años. La imagen de su compañía se basa en la suya propia lo que no deja de resultar gracioso.

Si llegas a ser un líder famoso, tu imagen, tu reputación, la idea que encarnas se contagia en la compañía que lideras. Es importante a toda costa proyectar esa idea. Incluso cuando empiezas, es preciso tener un expediente limpio. Cualquier error que contamine tu imagen se volverá contra ti y la competencia lo utilizará para destruir tu reputación.

2. Cree en tu compañía y tu causa.
Los líderes de grandes empresas tienen

una creencia ciega en la organización que representan. Si no confías en la compañía en la que trabajas, en su visión, será difícil influenciar en otros para que trabajen duro.

Si ahora no crees con tesón en la compañía que representas necesitas aprender algo. Empieza por aprender como los servicios o productos de la compañía ayudan a la gente. Averigua su función y sus estrategias. Toma nota acerca de los líderes de la organización. Mira entrevistas en internet. Escúchalos hablar de la organización, así sabrás porqué les apasiona la misma. Aprenderás de sus proyectos futuros para la compañía. Otro dato importante, es que puedes descubrir con su ejemplo enseñanzas sobre liderazgo. A medida que los observas, podrás aprender de su estilo directivo y eso puedes aplicarlo después a la gente que lideras.

Una vez que sepas la valía que posee la organización para el público en general, tendrás razones más poderosas para creer y confiar en su misión. Para mostrar a tus seguidores que crees en la compañía, necesitas transmitir entusiasmo acerca de la forma en que trabajas y comunicas. Explica a tu entorno laboral porqué tus actividades son importantes. Cuando tu organización sea atacada, defiéndela.

Mostrar lealtad es otra manera de demostrar que crees en tu organización. Cuando eres fiel a la misma, evidencias que la compañía te valora y que tiene en consideración tu dedicación. Sabrás si tu lealtad será recompensada observando a otros que han sido leales a tu organización. Me refiero a la gente que ha dedicado tiempo y esfuerzo trabajando en ella.

3. Encuentra formas de mejorar las capacidades del equipo para alcanzar sus objetivos.

Ahora que sabes cuales son las metas de tu organización, tienes que contribuir a alcanzar las mismas mostrando tus ideas y de qué modo el grupo puede lograrlas. Puedes ascender más rápido si sugieres buenas estrategias para que el grupo consiga resultados.

No tienes que inventar estrategias. Puedes investigar cómo otras compañías alcanzan metas similares. Entonces, puedes perfeccionar sus métodos y aplicarlos a tu equipo. Después de averiguar formas de mejorar el rendimiento de tu equipo, deberías crear un plan para aplicarlas.

Continúa aprendiendo en relación a tu sector para que siempre tengas ideas nuevas que poner en práctica.

Los lideres brillantes se consideran a sí mismos estudiantes del sector en que trabajan. No tienen miedo a lo nuevo. En lugar de quedarse parados, tratan de buscar áreas de innovación para alcanzar las metas preestablecidas lo más rápido posible.

4. *Trata de ser coherente en tu actuación.*

Ahora que has demostrado que crees en la organización para la que trabajas, el siguiente paso es ser coherente a la hora de ayudar a la organización a alcanzar sus objetivos. La capacidad es una de las más importantes cualidades de un líder. Tus partidarios solo te seguirán si ven que tienes las aptitudes necesariaspara llevarlos al lugar adecuado.

Te juzgarán de acuerdo a la manera en que te desenvuelves en momentos cruciales para alcanzar objetivos. También, te valorarán de acuerdo a cómo reacciones en momentos estresantes. De entre los miembros de la compañía, aquellos que con frecuencia realizan tareas y son inmunes a la presión, son los primeros que se tienen en cuenta para las tareas de liderazgo.

5. Asume las responsabilidades propias de un líder.

Para realizar actividades de liderazgo, no esperes a que te den un puesto directivo. Una vez que tengas confianza para actuar como líder, deberás empezar por influenciar a tu equipo.

Cada vez que te des cuenta de que se necesita a un líder tienes que tomar el mando. Deberás estar constantemente buscando esas oportunidades. Puedes encontrarlas cuando el grupo del que formas parte busca unas metas y no hay un mando claro. A veces, incluso si hay un líder asignado, debes dar un paso más.

Es frecuente que gente que no posee claras aptitudes de liderazgo ocupe estas posiciones. Si alguna de esaspersonas es nombrada líder del grupo, tarde o temprano mostrará su incompetencia. Puede abandonar su puesto de control si el equipo necesita que se implique más.

Cuando aparecen estos problemas, debes buscar la manera de ayudar al grupo. Esto es lo que un autentico líder haría. Si el líder asignado no está presente durante los momentos cruciales del proyecto, por ejemplo, deberías hacerlo saber a tus superiores y proponerlestomar el control, para sacar adelante el programa.

También, habrá ocasiones en que el líder elegido muestre dificultades para motivar a la gente. Esto suele ocurrir cuando hay un abismo entre el jefe y sus adeptos. Sí este es el caso, debes estimularlos.

Plantéale al líder prefijado si puedes hablar con el grupo.

Tomando responsabilidades directivas, tus superiores se fijarán en ti y serás una de las primeras personas a quien buscaran cuando necesiten cubrir una vacante. Lo expuesto, te dará la oportunidad de poner en práctica tus habilidades sin la presión de estar al mando.

6. Influye en las personas que te rodean para que produzcan más.

Incluso cuando no hay metas inmediatas que alcanzar, deberías buscar oportunidades para actuar. Una forma de hacerlo es motivando a la gente que te rodea a trabajar más duro. Para lograrlo, necesitas conocer a la gente que trabaja contigo. La mayoría de los líderes cometen el error de poner una barrera entre ellos y su equipo de trabajo. Esperan que los obedezcan sin rechistar. No tiene en cuenta el factor humano.

Debes evitar este comportamiento. Cuando no estás cerca de tu gente, no tienes ni idea de sus retos. Como líder empresarial, debes ser el puente de conexión entre los que lideras y la organización para la que trabajas. La mayoría de las empresas priorizan las cifras finales del negocio. Presionarán a sus empleados a trabajar muy duro sin tener en cuenta sus circunstancias. Para llegar a ser un líder eficaz, necesitas conocer a tu gente, solo así sabrás exactamente como estimularlos a trabajar más.

Capítulo 5- Fortalece tu imagen cómo líder.

Usando los consejos del capítulo anterior puedes ganar la confianza de tus seguidores. El próximo paso es: continuar trabajando para fortalecer tu imagen de liderazgo.

Para ello, tienes que mostrar las habilidades siguientes:

1. Seguridad en ti mismo.

Hasta aquí, este libro te ha dado las pautas para mejorar como persona y como líder. Estas mejoras te traerán éxito personal y profesional. A medida que triunfas en varias áreas de tu vida, empezarás a tener seguridad en tu trabajo, en tu negocio y en tus habilidades de dirección.

Aparte de tus aptitudes, deberás mostrar

confianza en las personas que trabajan contigo y en la organización a la que representas. Puedes mostrarlo mediante tu forma de hablar o a través de tus actos. Para demostrar que confías en la gente que lideras, por ejemplo, deberías delegar algunas tareas en ellos.

Una vez que estés seguro de ti mismo, necesitas mantenerlo, cueste lo que cueste. La mejor manera de conservar esa confianza es manteniendo una mentalidad positiva. La gente que no confía en sí misma y en los que lo rodean, tiende a echar la culpa a otros cuando llegan los problemas.

Para demostrar que tienes seguridad a la hora de afrontar las dificultades, deberás buscar de inmediato soluciones cuando ves algo que no encaja. No pierdas el tiempo echando la culpa a los demás. Si actúas con rapidez, demostrarás a tu equipo que eres capaz de resolver situaciones difíciles.

2. *Mantén siempre una actitud positiva.*
Tener una mentalidad abierta implica una actitud positiva. Necesitarás esa positividad cuando trates de afrontar tareas complicadas y extensas.

Cuando un líder demuestra una actitud negativa, la negatividad afecta a su equipo, a su trabajo, a su ética y a su motivación. Muestra que eres comprensivo con la gente que está contigo. Puedes hacerlo cuando te diriges a tus empleados. Las personas positivas nunca reaccionan con rabia. Esperan a que pase el mal momento para comunicar con su gente. Otro truco es sonreír antes de hablar. Tanto en persona como por teléfono, estos consejos sencillos son fantásticos a la hora de demostrar una actitud positiva.

Si mantienes una actitud optimista, tu equipo estará animado mientras persigue los objetivos marcados. Si los miembros del grupo están de buen humor, los resultados serán mejores.

3. Confía en la creatividad el equipo.

Como he mencionado anteriormente en el libro, necesitas aprender de forma constante para tener siempre algo nuevo que enseñar a tu grupo. Esta actitud te será útil cuando los problemas que enfrentas como líder precisen de ingenio. Cuando resuelves estas dificultades, puedes fortalecer tu imagen de líder teniendo en consideración otras ideas.

Esto demostrará que confías en la gente que trabaja contigo. De este modo, minimizas la creencia de que solo tú haces bien las cosas. Arengas a cada miembro a pensar en soluciones para los retos conjuntos.

Si tu equipo se acostumbra a solventar las dificultades, tendrán iniciativa para resolver posibles obstáculos futuros. Te darán a conocer los problemas solo cuando los hayan resuelto.

4. Apuesta por el equipo y el objetivo.
También puedes fortalecer tu imagen de liderazgo mostrando compromiso con tus seguidores y las metas que tratáis de alcanzar. Lo puedes demostrar siendo consistente en tus actos. Cuando llegas a ser un líder en tu sector, puedes influir a otros para seguirte. Las nuevas generaciones que te admiran pueden decidir realizar el mismo trabajo o postularse en tu compañía.

Lo harán porque has demostrado dedicación en tu área, en tu organización y con la gente que trabajas. Si fallas a cualquiera de ellos, las personas que te admiran también abandonarán el camino tomado. Cómo líder, tienes el poder de influenciar en la gente. Tu influjo no solo es para lo bueno sino que también puede funcionar para lo negativo. Los influyes no solo con tus buenas acciones también lo haces con tu mala actitud.

Tu falta de compromiso afectará a los miembros de tu equipo. Si muestras carencia de entusiasmo en tu trabajo, tu equipo puede deducir que no estás dispuesto a alcanzar la meta fijada. Esto afectará por tanto a su fervor hacia los objetivos del grupo.

5. Voluntad para tomar riesgos meditados.

Hay momentos en que necesitas confiar en tu intuición para tomar decisiones de liderazgo. Aunque deberías intentar ser objetivo en la toma de decisiones no deberías mostrar temor cuando hay que afrontar riesgos. Esta es una cualidad relevante para un líder empresarial. Aquellos que sienten temor a arriesgarse limitan la posibilidad de crecimiento de las empresas que dirigen.

Incluso cuando no tengas miedo a tomar riesgos, necesitas valorar los pros y contras de tu decisión. Arriésgate solo cuando el fin justifique los medios. Practica tomando riesgos calculados en tu carrera profesional para estar listo cuando las cosas se pongan difíciles. Como declara Tony Robbins, la mejor manera de tomar buenas decisiones es tomando muchas.

Conclusión

¡Gracias de nuevo por descargar este libro! Espero que te ayude a encontrar todo lo que se necesitas para ser un líder.

Aplica los consejos y estrategias que aprendiste en este libro en tu carrera profesional. Entonces, deberías buscar oportunidades de liderar en tu trabajo. Utiliza estas ocasiones para practicar tus aptitudes. A media que vayas aprendiendo sobre la humanidad y ganes más experiencia, sin duda, mejorará tu habilidad para liderar grupos pequeños y grandes.

Gracias. ¡Buena suerte!

www.ingramcontent.com/pod-product-compliance
Lightning Source LLC
Chambersburg PA
CBHW071909070526
44583CB00016B/1914